AF329621

LES CAHIERS DE 1871

PROGRAMME DE DÉCENTRALISATION

Par M. J. BREYNAT

Docteur en Droit, ancien Sous-Préfet

LIVRE PREMIER

INSTITUTIONS POLITIQUES

Principes supérieurs. — Les grands Pouvoirs de l'Etat.
Les trois Assemblées. — Le Corps législatif. — La Chambre-Haute.
Les Assemblées Provinciales.
Le Conseil d'Etat. — Le Conseil des Finances.
Le Pouvoir exécutif.

LIVRE DEUXIÈME

ORGANISATION INTÉRIEURE

La Décentralisation administrative.
Nouvelle Division du Territoire. — La Commune. — Le Canton rural (Union de Communes.)
Le Canton urbain (Union de Quartiers.)
Villes-Départements. — La Province de Paris. Départements. — Cercles Provinciaux.

PRIX : UN FRANC

LYON

LIBRAIRIE DE CHARLES MÉRA

15, RUE DE LYON, 15

M VCCC LXXI

2049

PREMIER CAHIER

LES INSTITUTIONS POLITIQUES

INTRODUCTION

I

Les principes supérieurs de la décentralisation

A son origine, le mouvement décentralisateur
était plutôt l'aspiration vague de l'opinion en
faveur des franchises locales, que le désir d'une
révolution radicale.

Les catastrophes qui se sont succédé, dans ces
derniers temps, ont eu pour effet d'élargir le programme de la réforme. En présence d'un édifice
social en poussière, on a compris qu'il était nécessaire de reprendre sa reconstruction par la
base.

Si tous les partis sont d'accord en France sur la
nécessité d'une rénovation générale, ils le sont
très-peu sur les moyens qui doivent l'assurer.
Tandis que l'école du socialisme terroriste rêve la

fédération des villes contre les campagnes, l'immense majorité de la nation proteste au nom de l'unité nationale menacée, et réclame des institutions assez résistantes pour protéger la nation contre le monopole révolutionnaire de Paris.

La question de la décentralisation a été très-étudiée depuis quelques années; il a été fait un travail d'analyse considérable. Tous les vices de notre organisation ont été passés au crible d'une critique aussi vive que minutieuse. Mais ce qui a manqué jusqu'à ce jour, c'est l'œuvre de la synthèse; on a renversé, mais on s'est peu préoccupé de la réorganisation.

J'ai essayé de combler cette lacune en formulant les principes généraux qui doivent nous guider.

Si l'on veut laisser intacte notre unité nationale, il faut adopter cette règle *magistrale :*

Limiter rigoureusement les franchises au cercle administratif dont elles dépendent.

C'est en divisant les attributions que nous fonderons l'ordre administratif. C'est en établissant le principe de la responsabilité à tous les degrés que nous apprendrons à la nation la véritable pratique de la liberté.

II

La décentralisation de la révolution

Si les morts pouvaient sortir de leurs tombeaux pour juger du mérite de leurs œuvres, il est pro-

bable que les législateurs de 89 reculeraient épou-
vantés à la vue des catastrophes qui sont sorties de
leurs institutions.

Conservons ce qu'il y a de bon dans cet héritage
triste et glorieux à la fois, mais répudions les
erreurs qui nous furent si funestes.

La plus dangereuse provient de l'exagération du
principe de notre centralisation politique et administrative.

Les fondateurs de notre organisation obéirent à
une inspiration essentiellement politique en suppri-
mant les diversités gouvernementales, qui faisaient
de nos anciennes provinces comme autant de
royaumes séparés. L'idée qui les inspirait était
juste, mais ils dépassèrent le but qu'il voulaient
atteindre, en développant outre mesure le principe
d'où devait sortir notre unité nationale... s'ils
créérent *l'état*, ils tuèrent *la nation*.

Le système centralisateur aurait dû jouer dans
notre organisation le rôle du lien vis-à-vis de la
gerbe, et non celui de la meule qui écrase et pul-
vérise.

En apparence rien de plus régulier que ce vaste
assemblage de rouages, s'engrenant les uns les
autres, et obéissant à l'impulsion d'un moteur
unique. C'était en quelque sorte, la vie partant du
cœur, et circulant jusqu'aux extrémités : mais on
avait oublié les perturbations qui pouvaient atteindre ce foyer, et paralyser les extrémités.

Il aurait été prudent de pressentir les dangers
auxquels serait exposé un Gouvernement ainsi
constitué, si on en plaçait le siége dans une ville

privilégiée, dont la population anormale ne tarderait pas à s'accroître de tous les déclassements sociaux. On aurait dû comprendre que c'était le livrer aux surprises des minorités factieuses, et aux attentats de chefs ambitieux.

Ce n'est pas le triomphe de la liberté que l'on préparait, mais celui de la tyrannie des multitudes, aboutissant fatalement à l'avénement de ces gouvernements d'aventure qu'un hasard élève et qu'un accident emporte.

Aujourd'hui la France reconnaît qu'elle marche à la limite extrême de la décadence; à tout prix elle veut se soustraire à l'influence désorganisatrice d'un centre éternellement agité. La question est posée en termes si absolus, que Paris n'a plus qu'à choisir entre ces deux solutions, ou de consentir à la perte de son monopole révolutionnaire, en acceptant des institutions sagement modératrices, ou de subir la déchéance de sa décapitalisation.

Ce remède héroïque ne sera pas nécessaire, si nous parvenons à élever autour de cette capitale de puissantes institutions provinciales, qui seront comme les forts détachés de son enceinte morale.

C'est par cette révolution pacifique que nous mettrons un terme aux crises qui nous dégradent et nous épuisent.

Nous devons réorganiser la Province! Non pas la Province, telle qu'elle existait sous l'ancienne monarchie, ou telle qu'elle est constituée dans l'Unité Américaine; nous fuirions les dangers de la centralisation, pour tomber dans ceux d'une dissolution fédératrice.

Le problème à résoudre, c'est de rendre à la nation sa liberté et la possession d'elle-même, sans porter atteinte à l'unité politique qui a fait si longtemps sa gloire et sa force.

Pour faire comprendre l'importance du rôle qu'est appelé à jouer dans l'avenir l'élément provincial, il est nécessaire de faire connaître quelles doivent être la composition et les attributions des grands corps politiques qui seront les délégations vivantes du suffrage universel.

III

Les grands pouvoirs de l'Etat

Nous avons expérimenté, longtemps et à diverses reprises, la Constitution anglaise avec ses deux Chambres et son système de bascule constitutionnelle.

Si cette organisation politique n'a jamais pu s'acclimater en France, cela tient à ce que nous avons toujours manqué de l'un des éléments nécessaires de l'équilibre de nos voisins ; celui d'une aristocratie fortement constituée. Nous avons possédé une Chambre des Pairs, un Sénat, mais jamais ces imitations n'ont été l'équivalent de la Chambre des Lords.

Nos Chambres-Hautes n'ont été qu'un rouage impuissant, jamais elles n'ont exercé une influence véritablement modératrice.

En faisant de cette institution une émanation

du pouvoir exécutif, nous l'avons rendue suspecte
à la Nation.

Comment pourrons-nous trouver le contre-poids
si vainement cherché? Ce sera en élargissant la
base de notre organisation politique, et en plaçant
entre nos deux anciennes assemblées, un troisième
corps destiné à amortir et à prévenir les chocs.
Ce pouvoir nouveau sera celui des Assemblées
provinciales.

Les grands corps de notre organisation pourraient être :

1° Le Corps législatif dont le nom seul indique
la mission ;

2° La Chambre-Haute sanctionnant les déci-
sions de la première assemblée, et s'unissant à elle
dans les cas de révision du pacte constitutionnel ;

3° Les Assemblées provinciales sanctionnant en
dernier ressort les modifications organiques des
deux premiers Corps, et prononçant entr'eux en
cas de conflit.

IV

Le Corps législatif

Le Corps législatif doit être nommé directement
par le suffrage universel ; le vote doit avoir lieu à
la Commune, et l'élection par circonscription. On
pourrait établir la circonscription à raison d'un
député par 5o,ooo habitants ou fraction de plus
de 3o,ooo.

Le Corps législatif posséderait trois attributions distinctes :

1° Uni à la Chambre-Haute, il serait appelé le cas échéant à reviser le pacte constitutionnel ;

2° Comme par le passé, il voterait les lois, le budget national, répartirait l'impôt entre les provinces, statuerait sur les questions d'intérêt général, fixerait le contingent annuel de l'armée active, etc. ;

3° Il nommerait, en les choisissant dans son sein, les membres du Conseil d'Etat et de la Cour des Comptes.

La durée des pouvoirs de ces deux délégations, serait la même que celle du Corps législatif.

Pendant l'exercice de leur mandat, les membres de ces Commissions seraient exclus des délibérations du Corps législatif.

En faisant sortir du Corps législatif, les Conseils supérieurs qui doivent préparer les projets de lois, statuer sur les questions du contentieux national, contrôler la comptabilité générale, on obéit à l'esprit du suffrage universel, et on réalise le gouvernement de la nation par la nation.

Les choix faits par une assemblée délibérante seront certainement aussi éclairés que ceux qui émanaient autrefois de l'initiative du pouvoir exécutif.

On supprime ainsi l'esprit de favoritisme, et on met fin à une véritable confusion de pouvoirs.

V

La Chambre-Haute

La Chambre-Haute qui est appelée à exercer une mission essentiellement conservatrice et modératrice, doit avoir évidemment une origine différente de celle du Corps législatif. Si on la faisait dériver du suffrage universel direct, on n'obtiendrait qu'une assemblée pareille en tout à la première ; mieux vaudrait, dans ce cas, une assemblée unique.

Si l'on veut constituer une véritable Chambre-Haute, c'est-à-dire un corps représentant la conservation sociale et renfermant la seule aristocratie digne d'une nation libre, c'est-à-dire celle qui a pour base le talent, les services rendus, la propriété, la grande industrie et le commerce, il est nécessaire de recourir pour sa formation à des règles spéciales.

On pourrait confier l'élection de la Chambre-Haute aux Assemblées provinciales qui seraient appelées à nommer un membre par 100,000 habitants ou fraction de plus de 60,000. Cette élection aurait lieu par circonscription provinciale.

Pour être éligible à la Chambre-Haute, il faudrait être âgé de 35 ans au moins, et être inscrit sur la liste des notables de la province.

Cette liste serait formée par les Conseils départementaux du Cercle, elle serait revisée tous les trois ans.

Une loi organique déterminerait les conditions d'admissibilité.

Voici quelles seraient les attributions naturelles de la Chambre-Haute :

Elle s'unirait au Corps législatif, dans le cas de la révision de la constitution, ou des lois organiques. Elle sanctionnerait les lois ordinaires, s'opposerait à la promulgation de celles qui seraient contraires aux principes fondamentaux de la Société ou qui porteraient atteinte aux institutions nationales.

VI

Les Assemblées provinciales

Les Assemblées provinciales ne peuvent avoir d'autre origine que celle du suffrage universel direct.

Elles seraient composées des députés nommés dans les départements du même cercle, à raison d'un membre par 25,000 habitants ou fraction de plus de 12,000.

Les attributions des Assemblées provinciales doivent être à la fois politiques et administratives.

Les attributions politiques sont les suivantes :

1° Les Assemblées provinciales nomment les membres de la Chambre-Haute ;

2° Elles ont le droit de proposer la révision de la constitution ;

3° Elles sanctionnent les modifications constitutionnelles votées par les deux Chambres ;

4° Elles statuent en dernier ressort sur les conflits de la Chambre-Haute et du Corps législatif ;

5° Dans le cas de violation du pacte constitutionnel, les Assemblées provinciales prennent entre
leurs mains le pouvoir exécutif et le conservent jusqu'à ce que l'ordre soit rétabli.

Dans ce cas, elles nomment une Commission
exécutive siégeant au chef-lieu de la province, et,
s'il y a lieu, elles instituent des sous-Commissions
dans les départements compris dans le cercle.

C'est en faisant reposer l'édifice gouvernemental
sur les assises larges des institutions provinciales,
que nous mettrons un terme à la tyrannie révolutionnaire des minorités anarchiques. C'est en con-
fiant à la nation tout entière la défense de notre
constitution, que nous en assurerons la durée.

Loin d'amoindrir notre unité nationale, nous la
fortifierons en la préservant du fédéralisme de la
Commune révolutionnaire.

Les attributions administratives des Assemblées
provinciales que nous ferons connaître, dans l'organisation intérieure, ne seront ni moins importantes,
ni moins utiles ; elles comprendront l'administration des intérêts généraux du Cercle.

Chaque province deviendra le siége d'un gouvernement, d'un grand commandement militaire, d'un
archevêché, d'une université, d'une cour de justice
supérieure.

VII

Du Pouvoir exécutif

Le pouvoir exécutif sera-t-il temporaire, ou à vie? aurons-nous un président, ou verrons-nous renaître l'institution monarchique et avec elle le principe de l'hérédité ? Ce chef sera-t-il élu directement par le suffrage universel, ou sera-t-il nommé par les trois corps politiques constitués ?

C'est à la nation seule qu'il appartient de répondre ! . . . .

Mais nous devons nous préoccuper dès à présent de la nature de ce pouvoir, et rechercher quelles doivent être ses attributions.

Plus on simplifiera le rôle du pouvoir exécutif, moins on le surchargera de détails accessoires, plus on le renfermera dans les limites de sa spécialité, plus grandes seront ses chances de durée.

L'écueil de ces hautes fonctions a toujours été la multiplicité de ses attributions ; c'est en faisant du chef de l'Etat le dispensateur souverain de toutes les places, et la source de toutes les faveurs qu'on en a fait l'objectif des rancunes politiques et des convoitises révolutionnaires.

Ces principes étant admis, voici quelles doivent être les attributions naturelles de ce pouvoir :

Promulguer les lois, nommer les ministres, les représentants de la France à l'Etranger, les gouverneurs des provinces, les préfets, les généraux commandant les provinces, les membres de la magistrature d'après les règles d'une nouvelle loi organique.

Maintenir la paix publique à l'intérieur, veiller à la défense nationale.

Quant au droit de paix ou de guerre, de signer des traités de commerce ou d'alliance, — on ne peut le livrer à la responsabilité d'un seul homme. Pour d'aussi graves intérêts, c'est aux représentants seuls de la nation qu'il appartient d'engager la volonté du pays!

LIVRE PREMIER

PROJET DE CONSTITUTION

LES POUVOIRS CONSTITUANTS ET LÉGISLATIFS
LES TROIS ASSEMBLÉES
LE CONSEIL D'ÉTAT. — LE CONSEIL DES FINANCES
LE POUVOIR EXÉCUTIF

CHAPITRE PREMIER

La Souveraineté nationale

ARTICLE PREMIER. — La souveraineté nationale réside dans l'universalité des citoyens français, elle est une et indivisible.

Elle se manifeste par le suffrage universel, elle s'exerce par des délégations électives à tous les dégrés.

ART. 2. — Tout attentat contre la souveraineté nationale ou contre les pouvoirs publics qui en émanent, est un crime de haute trahison, qui emporte indépendamment des autres peines, la privation perpétuelle des droits politiques.

Art. 3. — La confusion des pouvoirs ne peut exister que sous les gouvernements autoritaires. Le principe de leur séparation est reconnu comme une des conditions essentielles à leur indépendance.

CHAPITRE II

Le suffrage universel

Art. 4. — Tout français qui a satisfait à la loi du service militaire, est électeur s'il n'a pas perdu cette qualité par une condamnation emportant cette peine.

Art. 5. — Pour être inscrit sur la liste électorale, il faut justifier d'un domicile de deux ans.

CHAPITRE III

Les pouvoirs constituants

Art. 6. — Les pouvoirs constituants sont délégués à trois assemblées : à la Chambre-Haute, au Corps législatif, aux Assemblées provinciales.

Art. 7. — Aucune demande de révision, de constitution ou de modification aux lois organiques, ne peut-être prise en considération, que si elle est appuyée par la majorité des deux tiers de l'un des trois corps constituants.

Art. 8. — Si le principe de révision est admis, la Chambre-Haute et le Corps législatif se réunissent pour délibérer en commun.

Le président est nommé par les deux Assemblées.

Art. 9. — Si le projet de révision est adopté, il est soumis à la sanction des Assemblées provinciales; il ne devient obligatoire qu'après avoir obtenu leur sanction par une majorité des deux tiers.

Les Cercles provinciaux délibèrent séparément.

CHAPITRE IV

Formation de la Chambre-Haute

Art. 10. — Les membres de la Chambre-Haute sont nommés par les Assemblées provinciales à raison d'un membre par 100,000 habitants, ou fraction de plus de 50,000!

Art. 11. — Pour être éligible à la Chambre-Haute, il faut être âgé de trente-cinq ans au moins, et être inscrit sur la liste des notables de la province.

Art. 12. — La liste des notables est formée par les Conseils départementaux du Cercle provincial; cette liste est revisée tous les trois ans.

Les conditions d'admissibilité seront déterminées par une loi organique qui fixera les bases d'une aristocratie fondée sur les services rendus, l'intelligence, la position sociale et l'honorabilité.

CHAPITRE V

Le Corps législatif (Election)

Art. 13. — Le Corps législatif est nommé par le suffrage universel direct. — L'élection a pour base la population; elle a lieu par circonscription à raison d'un député par 5o,ooo habitants.

CHAPITRE VI

Constitution des Assemblées provinciales

ART. 14. — Les Assemblées provinciales sont formées par les députés nommés dans les départements du même cercle.

Les élections provinciales ont lieu par le suffrage universel direct, à raison d'un député par 25,ooo habitants.

CHAPITRE VII

Durée des pouvoirs électifs

ART 15. — La durée des pouvoirs électifs à tous les degrés est de cinq ans.

CHAPITRE VIII

Le pouvoir exécutif. -- Ses attributions

ART. 16. — Les attributions du pouvoir exécutif sont les suivantes :

Il promulgue les lois, nomme les ministres, les généraux commandant les provinces, les gouverneurs provinciaux, les préfets, les représentants de la France à l'Etranger.

Les membres de la magistrature d'après les règles d'une nouvelle organisation judiciaire.

Art. 17. — Le chef du pouvoir exécutif veille au maintien de la paix publique à l'intérieur ; il a le droit de requérir la force armée, de mettre un ou plusieurs départements en état de siége à la condition d'en rendre compte aux deux Chambres.

Art. 18. — Le droit de déclarer la guerre, de signer des traités de paix, d'alliance ou de commerce, est réservé aux deux Chambres ; seules elles peuvent engager la volonté nationale.

Art. 19. — Les ministres sont choisis dans le sein du Corps législatif, ou de la Chambre-Haute. Ils sont responsables.

CHAPITRE IX

Attributions du Corps législatif. — Conseil d'Etat. — Commission de surveillance des finances (Cour des comptes)

Art. 20. — Le Corps législatif désigne ceux de ses membres qui doivent former le Conseil d'Etat et la Commission des finances.

Art. 21. — La durée des pouvoirs du Conseil d'Etat et de la Commission des finances est égale à celle du Corps législatif.

Les attributions de ces deux délégations sont celles de l'ancien Conseil d'Etat et de la Cour des Comptes. Pendant toute la durée de leur mandat, les membres désignés ne peuvent plus prendre part aux délibérations du Corps législatif.

Art. 22. — Le Corps législatif fait les lois; vote le budget ; répartit les dépenses nationales entre les provinces, statue sur les questions d'intérêt général ; fixe les cercles électoraux ; exerce une haute surveillance sur l'organisation de l'armée et de la marine, sur l'armement général, sur les grandes voies de communication, sur les développements de l'instruction publique, de l'agriculture et du commerce ; décide chaque année le contingent de l'armée active.

CHAPITRE X

Attributions de la Chambre-Haute

Art. 23. — La Chambre-Haute sanctionne les lois votées par le Corps législatif. Elle s'oppose à la promulgation des lois qui portent atteinte à la Constitution et aux principes organiques, ou qui seraient contraires à la religion, à la morale, aux libertés publiques.

Art. 24. — Si la Chambre-Haute refuse sa sanction, elle doit indiquer les motifs de son veto, et, s'il y a lieu, formuler les amendements qu'elle juge nécessaires.

Art. 25. — Si après un nouvel examen le Corps legislatif persiste et maintient son vote, le conflit est soumis aux assemblées provinciales, qui tranchent le différend en dernier ressort.

CHAPITRE XI

Attributions politiques des Assemblées provinciales

ART. 26. — Les Assemblées provinciales ont le droit d'émettre le vœu d'une révision de la Constitution. Leur demande est introduite de plein droit si elle est appuyée par les deux tiers des Cercles provinciaux.

ART. 27. — Les Assemblées provinciales sanctionnent les modifications constitutionnelles.

Elles connaissent des conflits entre la Chambre-Haute et le Corps législatif.

CHAPITRE XII

Violation de la Constitution

ART. 28. — Si le pacte constitutionnel est violé, les Assemblées provinciales se réunissent de plein droit. Jusqu'à ce que l'ordre soit rétabli, les pouvoirs passent entre leurs mains.

Elles nomment une commission exécutive au siége provincial, et des sous-commissions dans les départements compris dans le cercle.

DEUXIÈME CAHIER

L'ORGANISATION INTÉRIEURE

La Décentralisation administrative

Les partisans de la décentralisation administrative se sont servis d'une mauvaise méthode dans la direction de leurs travaux ; ils se sont trop préoccupés des questions de détails, et pas assez des règles générales qu'il était nécessaire de formuler pour diriger la réforme.

Au lieu d'écrire des volumes sur des questions de compétence ou de procédure il fallait poser hardiment le principe d'où serait sortie notre émancipation intérieure.

En proclamant que chaque cercle a le droit de s'administrer, et que cette faculté ne doit avoir d'autre limite que celle des lois et des intérêts supérieurs à la circonscription ; on faisait tomber les anciens abus. — D'un seul trait de plume on traçait le programme complet de notre organisation future.

Ce principe étant admis, on comprendra que le succès de la révolution qui se prépare dépendra de la bonne ou mauvaise division des cercles administratifs. Si elle est sage, on obtiendra l'harmonie générale; dans le cas contraire, la confusion sera la conséquence du défaut d'équilibre.

Nouvelle division administrative

Nos anciennes divisions administratives sont mauvaises de la base au sommet ; elles n'ont entre elles aucune proportion. Nous avons des communes trop importantes pour conserver un caractère exclusivement municipal, d'autres au contraire sont trop petites pour constituer des communautés. Nos cantons ne possèdent qu'une existence fictive ; l'arrondissement est devenu un rouage inutile ; nos départements pour la plupart, sont à la fois trop étendus pour être dirigés par un seul administrateur, et trop circonscrits pour former des centres provinciaux, doués d'une force de résistance suffisante et d'une vitalité propre.

La mauvaise délimitation des communes est ce qui nuit le plus à une bonne administration.

Dans le but de donner satisfaction à des intérêts de clocher, les fondateurs de notre organisation augmentèrent tellement le nombre des communes, que plusieurs d'entre elles furent condamnées à ne posséder jamais les bâtiments qui sont les signes extérieurs de leur existence.

Il y a en France des communes si faibles, qu'en s'imposant au *maximum* à perpétuité, elles ne parviendront jamais à amortir le capital nécessaire à la construction d'une maison d'école.

Il est temps de faire disparaître ces embryons administratifs et de les rattacher à d'autres circonscriptions.

Si l'on veut constituer fortement ces unités qui sont la base de toute organisation sociale, il est nécessaire de fixer le minimum de leur population à 1,000 habitants.

La même disproportion se fait remarquer dans l'organisation cantonale; si l'on veut donner à ces divisions la vitalité qui leur a toujours manqué, il est à désirer qu'on élève leur population à 10,000 habitants.

La reconstitution des Cercles provinciaux ne sera normale, que si elle est basée sur une bonne division départementale; si l'on se décide à supprimer l'arrondissement, il sera nécessaire d'augmenter le nombre des départements, que l'on pourrait porter à 200.

On pourrait alors créer facilement 15 à 20 cercles provinciaux formés chacun de 10 à 15 départements, et réunissant une population moyenne de deux millions d'habitants.

Il est probable que les nouvelles divisions de notre organisation militaire, répondront, comme en Allemagne à la distribution de nos circonscriptions administratives; si cette mesure est adoptée, il devient nécessaire d'établir entre elles une certaine proportion.

Sans doute, un semblable remaniement territorial blessera un grand nombre d'intérêts. On reculera peut-être devant le trouble qui serait apporté à des habitudes consacrées par le temps.

Dans ce cas, il devient utile de conserver un assez grand nombre de sous-préfectures, car quels que soient l'intelligence d'un préfet et son amour pour le travail, il lui sera difficile d'administrer sans auxiliaires un département étendu.

La Commune

Il est inutile d'étudier cette commune révolutionnaire et fédérative, qui loin d'être la réalisation des libertés locales, ne serait que leur confiscation et leur asservissement au profit de l'oligarchie démagogique de quelques grandes cités.

Ce rêve qui est l'effroi de la France et l'étonnement de l'Etranger, n'est que l'explosion des passions mauvaises ; c'est l'orage qui passe !...

La Commune dont nous allons examiner la constitution organique est la base essentielle de toute société régulière. C'est le gouvernement de la famille.

Sur quelque point de l'Europe que l'on étudie cette institution, on est frappé de son caractère de similitude.

La paroisse anglaise ne diffère pas essentiellement des communes de Norvége, d'Allemagne ou de Russie. — Partout elles ont un caractère essentiellement municipal, partout elles sont libres.

Nous ne ferons que rentrer dans la loi générale, en affranchissant enfin la Commune française des mille liens d'une bureaucratie paperassière, qui en voulant connaître des choses les plus éloignées d'elle avait fini par éteindre tout esprit d'initiative dans la nation.

Sans doute, les communes délivrées de toute surveillance tomberont dans des erreurs regrettables ; leurs édifices communaux pourront se ressentir des fantaisies architecturales de conseillers municipaux peu éclairés !... Qu'importe ! la société sera-t-elle mise en péril par de semblables fautes ?...

Du reste, les questions qui s'agitent dans le cercle restreint des communes rurales, sont simples, faciles à résoudre ; les plus saillantes, sont l'école, l'église, le chemin vicinal.

Il en est autrement dans les villes ; leurs besoins sont plus étendus, plus variés, plus complexes, mais à mesure que s'élargit la sphère de leur activité, la responsabilité se répartit sur un plus grand nombre, le contrôle est plus efficace en raison des lumières qui y sont concentrées.

Pour ces dernières, pourquoi n'imiterions-nous pas l'organisation administrative des *Boroughs* anglais.

Le Maire

C'est au suffrage universel direct qu'il convient de demander l'élection du maire. Tout autre mode serait contraire à son indépendance et à la bonne harmonie locale.

Il n'existe peut-être pas en France un seul Conseil municipal, qui ne renferme dans son sein plusieurs ambitions rivales ; le jour où le choix du maire appartiendra au Conseil municipal, les assemblées se trouveront divisées en coteries hostiles,

— Le cabaret, qui exerce malheureusement une si grande influence dans les campagnes, sera le champ de bataille des rivalités de clocher ; presque toujours l'écharpe municipale deviendra le prix des libations les plus scandaleuses !

Comment se maintiendra l'indépendance d'un maire ainsi nommé ? Comment fera-t-il respecter la propriété communale, lorsque les usurpateurs (et c'est ce qui arrive le plus souvent) seront les membres du Conseil !...

Il ne faut pas perdre de vue que les attributions du maire sont complexes ; si dans le sein du Conseil ses attributions se réduisent à le présider, il exerce en outre les fonctions d'un véritable pouvoir exécutif.

Pourquoi redouter l'emploi du suffrage universel direct ? puisque c'est le fleuve qui nous porte, laissons-nous aller avec confiance à son courant, sans essayer de l'arrêter ou de le remonter.

Le Canton (Union des Communes)

En France, le canton ne possède qu'une existence nominale ; ses attributions sont nulles ; à part sa représentation au Conseil général et au Conseil d'arrondissement, rien n'indique un centre administratif.

Si nous voulons faire cesser cet état d'anémie, il faut augmenter l'importance de cette circonscription, et la doter d'une représentation sérieuse.

Il est nécessaire de fixer le minimum de la population cantonale à 10,000 habitants.

Les cantons devraient être divisés en cantons ruraux et en cantons urbains.

Les premiers seraient des unions de communes rurales ; les seconds des administrations municipales avec pouvoirs étendus. Ces agglomérations présenteraient une certaine analogie avec les *Boroughs* anglais, auxquels on pourrait emprunter une partie de leur organisation.

Les cantons ruraux seraient représentés par un Conseil cantonal, composé des maires de l'Union, assistés d'un certain nombre de délégués communaux.

Ils seraient administrés par une Commission élective, composée de cinq membres et nommée par toutes les communes de la circonscription.

Le président de la Commission prendrait le nom de syndic, il représenterait sa circonscription au Conseil départemental.

Les autres membres de la Commission auraient le titre d'assesseurs ; nul ne pourrait être syndic avant d'avoir exercé, soit les fonctions de maire, soit celles d'assesseurs.

Les attributions du Conseil cantonal seraient : le vote du budget, le classement des chemins d'intérêt commun, l'organisation des institutions de bienfaisance, la surveillance et la direction de l'instruction primaire dans la circonscription.

Le syndic et la commission cantonale seraient chargés de l'administration de ces divers intérêts.

Le chef-lieu cantonal serait en outre le siége

d'une justice de paix avec pouvoirs étendus ; il posséderait un enseignement primaire supérieur, un hospice ; il pourrait devenir le siége d'une sub-division militaire de l'armée provinciale (Réserve).

Le Canton urbain, — Les Villes-Départements, (Union de cantons),—La Province de Paris

L'organisation administrative des villes n'a jamais été résolue d'une manière satisfaisante, ni au point de vue de la liberté, ni à celui de l'ordre intérieur.

Aujourd'hui la revendication des franchises municipales est devenue le mot d'ordre de la révolution. Il importe de le lui enlever.

Notre impuissance à résoudre cette question vient de ce qu'elle a toujours été mal posée.

En voulant assimiler des intérêts parfaitement dissemblables, en donnant à Paris et à d'autres grandes villes la même représentation municipale qu'à des communes de 5oo âmes, on n'est parvenu qu'à fonder la Commune révolutionnaire, ou à maintenir un régime de défiance et d'exception, contre lequel l'opinion publique proteste avec raison.

Il aurait fallu comprendre qu'il y a dans une cité importante, deux choses parfaitement distinctes, que l'on a toujours confondues : — Les intérêts particuliers des différents quartiers qui y sont compris, et les intérêts généraux qui les unissent.

Tant que l'on n'aura pas établi cette distinction nécessaire, on tournera dans le cercle vicieux du système de 89 : comme par le passé on verra toujours les passions politiques envahir le domaine privé de la vie municipale.

On peut facilement assimiler les villes aux différentes divisions administratives qui existent, et selon leur importance, leur attribuer l'organisation du canton, du département ou de la province.

Si ce principe, qui est celui du bon sens, était admis, la liberté municipale serait fondée, et l'ordre intérieur assuré.

L'analogie qui est la base de cette réforme est logique.

Le département n'est qu'une union de cantons, parfaitement séparés pour la gestion de leurs intérèts particuliers, mais unis pour les intérêts communs et généraux.

Pourquoi une ville ne serait-elle pas divisée également en cantons formant des individualités municipales distinctes, administrées par un maire et des adjoints, nommés par le suffrage universel?— L'union de ces cantons ne pourrait-elle pas former un département administré selon les règles ordinaires, par un préfet, assisté et contrôlé par un Conseil départemental, votant le budget général et statuant sur toutes les questions intéressant la circonscription?

Il est certain qu'un préfet, qui représente l'autorité centrale et qui est l'émanation du pouvoir exécutif, ne saurait exister dans un grand centre de population comme Lyon ou Marseille, si en face de lui, il y a un maire unique, issu du suffrage universel. L'autorité du chef municipal l'emportera toujours sur celle de ce fonctionnaire. On aura à craindre des conflits incessants, dans lesquels la population jouera un rôle actif. Au contraire, avec des administrations municipales fractionnées par canton, le pouvoir préfectoral sera le lien naturel entre elles.

L'amendement présenté par M. Raudot, a certainement fait faire un grand pas à la question, mais il est incomplet; il contient le principe de la séparation des municipalités urbaines, mais il laisse à désirer au point de vue de la synthèse de leurs intérêts généraux.

L'organisation départementale appliquée aux grandes cités résout complètement la question.

Si ces villes sont des chefs-lieux départementaux, sera-t-il nécessaire d'avoir deux préfets, l'un pour l'union rurale, l'autre pour l'union urbaine?... nullement; un seul administrateur suffira facilement à cette double tâche... Les préfets actuels ne sont-ils pas en même temps chargés de l'administration générale du département, et de celle de l'arrondissement du chef-lieu? Leurs attributions actuelles ne seront donc que très-peu modifiées.

Si le chef-lieu est un centre provincial, le gouverneur sera en même temps l'administrateur général du cercle, et le préfet de la division départementale.

La ville de Paris, avec sa population de deux millions d'habitants, a toute l'importance d'une province, et quelle que soit l'organisation qui sera adoptée, on ne pourra moins faire que de lui accorder cette qualité, et de la mettre en possession des priviléges qui en dépendront.

Chacun des vingt arrondissements de Paris peut très-bien former une communauté départementale, ayant son Conseil municipal, son maire-syndic, ses adjoints ou assesseurs nommés directement par le suffrage universel.

Au-dessus de ces municipalités, il y aurait l'Assemblée provinciale de Paris, nommée d'après les règles ordinaires.

Indépendamment de ses droits politiques, ce Conseil serait chargé de l'administration des intérêts généraux de la circonscription.

Ainsi que dans les autres provinces, le pouvoir exécutif serait représenté par le gouverneur nommé par le pouvoir exécutif; ses attributions seraient les mêmes que celles des autres gouverneurs provinciaux; seulement en raison de l'importance exceptionnelle de ses fonctions, on pourrait lui donner le rang de ministre.

Si une semblable organisation était acceptée, la ville de Paris n'aurait certes pas le droit de s'en plaindre. Jamais elle n'aurait possédé une représentation plus complète. Jamais elle n'aurait été plus intimement mêlée à l'administration générale du pays.

Elle posséderait ses municipalités libres et électives.

Chacune de ses communes départementales nommerait sa part des délégués provinciaux et des députés au Corps législatif.

Son assemblée provinciale partagerait avec les autres cercles les pouvoirs politiques qui leur sont attribués.

Elle nommerait les membres de la Chambre-Haute en proportion de la population qu'elle représente.

Il reste à établir les bases numériques de cette nouvelle organisation.

Au-dessous de 3o,ooo âmes les villes pourraient être considérées comme des unités cantonales urbaines; au-dessus, elles formeraient des unions administratives.

Seule la ville de Paris formerait une province!...

Arrondissement — Sous-Préfecture

Si le nombre des départements est élevé à deux cents, la suppression des sous-préfectures est indiquée; dans le cas contraire, il serait nécessaire de conserver cette institution, au moins dans les arrondissements les plus importants.

Il ne faut pas perdre de vue, que notre nouvelle organisation militaire nécessitera peut-être le rétablissement de cette division administrative; on verrait alors renaître les fonctions supprimées sous un autre nom.

On a critiqué, non sans raison, l'inutilité des Conseils d'arrondissements; mais il faut reconnaître qu'elle n'est que la conséquence de l'exagération centralisatrice, qui en attribuant au Conseil départemental l'universalité des pouvoirs, avait confisqué les attributions naturelles de l'assemblée inférieure.

Le *Département*

L'organisation départementale n'a pas besoin d'être sensiblement modifiée ; sauf la perte de quelques attributions, rendues aux Assemblées inférieures, le Conseil général continuerait comme par le passé à représenter les intérêts généraux de la circonscription.

Dans le but d'associer plus intimement le Conseil général à l'administration préfectorale, on pourrait instituer une commission renouvelable qui assisterait cet administrateur dans l'intervalle des sessions.

Le Conseil de préfecture pourrait être remplacé par une commission élective.

Les *Provinces*

En fixant le nombre des provinces à quinze, la population moyenne de ces grandes divisions varierait de deux millions à deux millions et demi.

Indépendamment de leurs pouvoirs politiques, elles seraient appelées à devenir des centres administratifs importants.

Le gouverneur, émanation directe du pouvoir exécutif, représenterait le principe centralisateur, dans la mesure nécessaire au maintien de l'unité politique, et de l'harmonie administrative.

L'action de contrôle et de surveillance qui est l'attribut essentiel d'un gouvernement fondé sur le principe du suffrage universel, serait exercé par l'Assemblée provinciale. Afin qu'elle ne fut soumise à aucune interruption, une commission permanente et renouvelable remplacerait cette assemblée dans l'intervalle des sessions. Placée auprès du gouverneur, elle en serait le conseil et la surveillance.

Les attributions administratives de l'Assemblée provinciale seraient les suivantes :

Répartition de l'impôt entre les départements compris dans le cercle, — vote des centimes provinciaux et du budget, — administration des intérêts généraux de la circonscription, — vérification des dépenses, — contrôle des différents services, — classement des routes provinciales, — surveillance et entretien des chemins de fer provinciaux, — direction de l'instruction publique supérieure.

Chaque province serait le siége d'un grand commandement militaire, ayant sous ses ordres tous les éléments constitutifs d'une armée régulière, avec son état état-major, son intendance, ses armes spéciales.

Elle posséderait en outre, son université, sa cour supérieure de justice, sa maison centrale de correction, son asile d'aliénés, son école militaire supérieure, son institut agricole et commercial.

Mais à mesure que se relâchera l'ancien lien de notre centralisation administrative, il faudra resserrer et fortifier celui de notre unité politique.

Si l'administration de tous les intérêts exclusivement provinciaux, doit appartenir à la province, il est nécessaire de respecter tous ceux d'un ordre supérieur, et de laisser à l'Etat le maniement de toutes les choses nationales. — Ainsi : l'armement, — l'administration générale de l'armée et de la marine, — le vote du budget national, — les chemins de fer, — les canaux, l'administration des postes et des télégraphes, — l'organisation de la magistrature, etc., continueront comme par le passé à être soumis à la direction des grands pouvoirs de l'Etat.

Constitués sur des bases aussi larges, les administrations provinciales ne tarderont pas à devenir le théâtre de l'activité collective, et le centre où chaque individualité marquante pourra trouver son milieu naturel, l'emploi de ses facultés et son classement normal.

Les Assemblées provinciales seront les pépinières inépuisables de nos hommes d'Etat, de nos administrateurs; elles seront comme les portes toujours ouvertes aux grandes fonctions publiques.

Ce n'est plus à la centralisation révolutionnaire de Paris que nous irons demander la réalisation de nos rêves de grandeur, c'est dans la province que nous ferons l'apprentissage de la vie politique; c'est par nos travaux et nos vertus, que nous arriverons à mériter la confiance publique. — A la tyrannie des populaces urbaines, on verra succéder le règne calme et fort d'une grande nation, enfin maîtresse de ses destinées!...

LIVRE II

LA DÉCENTRALISATION ADMINISTRATIVE

ORGANISATION INTÉRIEURE

CHAPITRE PREMIER

Les nouvelles divisions administratives

Art. 1ᵉʳ. — Le territoire national est divisé en provinces, départements, cantons, communes.

L'arrondissement est supprimé, ainsi que les sous-préfectures.

Art. 2. — Le nombre des cercles provinciaux est fixé à quinze.

Le nombre des départements est fixé à deux cents.

Chaque cercle provincial réunira un groupe de dix à quinze départements.

Art. 3. — Il sera opéré un remaniement de circonscriptions cantonales et communales.

Le minimum de la population cantonale est de 10,000 habitants.

Le minimum de la population communale est de 1,000 habitants. — Il pourra être établi des sections de communes.

Art. 4. — (Disposition transitoire.)— Les Conseils départementaux seront consultés sur les divivisions de leur circonscription. — Le travail des nouvelles divisions territoriales sera préparé par les Assemblées provinciales.

Il sera consacré par une loi organique votée par les deux Chambres.

Les divisions provinciales seront établies par les deux Chambres.

CHAPITRE II

La commune rurale.

ART. 5. — Sont communes rurales toutes les communes dont la population n'est pas inférieure à 1,000 habitants, ni supérieure à 10,000 habitants.

ART. 6. — La commune rurale est administrée par un maire et deux adjoints, sous la surveillance d'un Conseil municipal.

ART. 7. — Le Conseil municipal, le maire et ses adjoints sont nommés par le suffrage universel direct et par élections séparées.

ART. 8. — Le maire préside l'assemblée municipale ; il représente le pouvoir exécutif dans la Commune, il nomme et révoque les agents communaux.

ART. 9. — Le Conseil municipal vote le budget communal ; — il assure les dépenses obligatoires de l'instruction primaire et celles du culte ; il classe les chemins vicinaux, décide de l'emploi des prestations ; — il se prononce sur toutes les questions d'intérêt communal.

Le choix de l'instituteur libre ou laïque appartient au Conseil municipal.

Les attributions de ce Conseil sont essentiellement administratives et locales.

CHAPITRE III

Les communes urbaines

ART. 10. — Les communes urbaines sont assimilées selon leur importance aux cantons, départements et provinces (Voir l'organisation cantonale).

CHAPITRE IV

Administration cantonale. — Cantons ruraux

ART. 11. — Les cantons sont ruraux ou urbains.

Les cantons ruraux sont des unions de communes rurales, leur population ne peut être inférieure à 10,000 habitants.

ART. 12. — Les cantons ruraux sont représentés par un Conseil cantonal composé de tous les maires de la circonscription et de délégués nommés par les Conseils municipaux.

ART. 13. — Les cantons ruraux sont administrés par une Commission composée de cinq membres élus par la circonscription. — Le président de la Commission prend le titre de syndic, les autres membres celui d'assesseurs.

Le président de la Commission cantonale représente la circonscription devant le Conseil général.

Art. 14. — Le Conseil cantonal vote le budget
cantonal, classe les chemins d'intérêt commun, —
surveille la direction de l'instruction primaire dans
les communes de la circonscription, — assure le
service de l'assistance, — administre l'hospice cantonal et les autres biens cantonaux. Il se prononce
sur toutes les questions intéressant le cercle.

Art. 15. — Le canton rural est le siége d'une
justice de paix. — Il possède une école primaire
supérieure.

CHAPITRE V

Les cantons urbains

Art. 16. — Les villes dont la population est
supérieure à 10,000, et inférieure à 30,000 habitants, prennent le nom de cantons urbains.

Les cantons urbains sont administrés par une
Commission élective de cinq membres.

Le président prend le nom de syndic, les autres
membres celui d'assesseurs.

Art. 17. — Le syndic et les assesseurs admi-
nistrent sous la surveillance et avec le concours
d'un Conseil municipal ordinaire.

Le nombre des Conseillers s'accroît en proportion de la population.

Art. 18. — Les attributions du Conseil cantonal urbain sont essentiellement municipales ; elles

ne peuvent dépasser le cercle des intérêts de la circonscription.

Art. 19. — Les cantons urbains nomment des délégués au Conseil départemental, ils participent ainsi à l'administration générale du département.

CHAPITRE VI

Les unions cantonales urbaines. — Les Villes. — Départements. — Paris. — Province

Art. 20. — Les villes au-dessus de 30,000 habitants forment des unions cantonales et prennent le titre de *Villes-Départements*.

Le nombre des cantons s'accroît proportionnellement à la population. Chaque canton est administré par un syndic et des assesseurs nommés par le suffrage universel direct, sous la surveillance et avec le concours d'un Conseil municipal ordinaire.

Art. 21. — Les intérêts généraux de la Cité sont administrés par le préfet du département, assisté d'un Conseil général nommé par les cantons de l'Union.

Art. 22. — Si la *Ville-Département* est un chef-lieu départemental, le pouvoir exécutif est représenté par le préfet de la circonscription.

Si la *Ville-Département* est chef-lieu de province, le pouvoir exécutif est représenté par le gouverneur.

Art. 23. — Chaque *Ville Département* envoie des députés à l'Asssemblée provinciale, au Corps

législatif et à la Chambre-Haute, proportionnellement à sa population, et d'après les règles établies.

Art. 24. — Les conflits entre les Conseils municipaux, cantonaux et le Conseil général sont jugés
par l'Assemblée provinciale.

CHAPITRE VII

Paris, — Province

Art. 25. — La ville de Paris forme une province, elle est divisée en vingt départements.

Chaque département est représenté par un Conseil municipal électif et administré par une Commission élective ; le président de la Commission
prend le titre de syndic ; les autres membres celui
d'assesseurs.

Le Conseil municipal de chaque circonscription
statue sur toutes les questions de son cercle. Il ne
peut engager les intérêts des autres départements.

Art. 26. — Les intérêts généraux de la province de Paris sont administrés par un gouverneur
nommé par le pouvoir exécutif, sous le contrôle et
avec l'assistance d'une assemblée provinciale,
composée des députés nommés par les vingt circonscriptions.

Les élections provinciales ont lieu séparément ;
il n'y a pas de scrutin de liste.

Art. 27. — L'Assemblée provinciale de Paris
nomme un membre de la Chambre-Haute par
100,000 habitants.

Chaque circonscription nomme un député au Corps législatif par 5o,ooo habitants.

Un député provincial par 25,ooo habitants.

Art. 28. — Le gouverneur de Paris a rang de ministre.

Art. 29. Les conflits entre les Conseils munici-paux de Paris et l'Assemblée provinciale sont jugés par la Chambre-Haute.

CHAPITRE VIII

Administration départementale

Art. 3o. — Le pouvoir exécutif est représenté dans le département par le préfet.

Art. 31. — Le préfet administre les intérêts généraux de sa circonscription, sous la surveillance et avec le concours du Conseil départemental.

Art. 32. — Dans l'intervalle des sessions, il est assisté par une Commission permanente déléguée par le Conseil général, cette Commission est renou-velée chaque année.

Art. 33. — Le Conseil départemental fait la répartition de l'impôt entre les communes de la circonscription; — il vote le budget; — assure la dotation des différents services à l'aide de centimes spéciaux s'il y a lieu; — surveille et contrôle les dépenses; — classe les chemins départementaux; — il statue sur toutes les questions intéressant l'ensemble du département.

Art. 34. — Le Conseil départemental est spécialement chargé de l'organisation et de la surveillance de l'instruction secondaire.

CHAPITRE IX

Administration provinciale. — Le gouverneur

Art. 35. — Chaque province est le siége d'un gouvernement, — d'un archevêché, — d'une cour de justice supérieure d'appel, — d'une université, — d'un institut agricole industriel et commercial.

Art. 36. — Le pouvoir exécutif est représenté par un gouverneur.

Art. 37. — Le gouverneur exerce une haute surveillance sur les départements de sa circonscription. — Il en administre les intérêts généraux, avec le concours des Assemblées provinciales, et sous leur surveillance; — dans l'intervalle des sessions, le gouverneur est assisté par une commission de douze membres délégués par l'Assemblée provinciale. — La délégation se renouvelle tous les six mois.

Art. 38. — A l'ouverture de chaque session, le gouverneur présente un rapport détaillé sur la situation des différents services administratifs. — Il justifie des dépenses. — Il propose le budget.

En cas d'urgence et après avoir pris l'avis du Ministre de l'Intérieur, il peut convoquer extraordinairement l'Assemblée provinciale.

CHAPITRE X

Les Assemblées provinciales. — Leurs attributions

Art. 39. — Chaque année les Assemblées provinciales ont une session ordinaire.

Elles procèdent à leurs travaux dans l'ordre suivant :

Elles nomment, s'il y a lieu à renouvellement, les membres de la Chambre-Haute.

Elles statuent sur les questions qui leur sont soumises par les deux Chambres.

Après avoir entendu le rapport du gouverneur de la province, elles se constituent en commissions chargées d'examiner les différents services ; — elles vérifient les dépenses.

Art. 40. — Les Assemblées provinciales font la répartition de l'impôt entre les divers départements de leur circonscription ; — elles votent le budget provincial, et s'il y a lieu les centimes spéciaux ; — elles organisent et surveillent l'enseignement supérieur ; — reconnaissent les corporations enseignantes ; — subventionnent l'université de la province.

CHAPITRE XI

Armée nationale

Art. 41. — L'armée nationale se divise en armée active et sédentaire.

L'armée active comprend tous les citoyens depuis l'âge de 20 ans jusqu'à 40 ans. — De 40 à 55 ils appartiennent à l'armée sédentaire.

CHAPITRE XII

Armée active

Art. 42. — Le service actif se répartit ainsi :

De 20 à 25 ans dans l'armée permanente.

De 25 à 30 dans la réserve.

De 30 à 35 ans dans le premier ban de la garde mobile.

De 35 à 40 ans dans le second ban de la garde mobile.

Art. 43. — La présence sous les drapeaux peut-être limitée à deux ans.

Les engagements volontaires d'un an sont admis.

CHAPITRE XIII

Armée provinciale

Art. 44. — L'armée active se divise en armées provinciales.

Les subdivisions stratégiques des armées provinciales sont adaptées aux différentes circonscriptions administratives.

Art. 5. — Chaque province a son camp où se réunissent à des époques déterminées les divers bans de l'armée active.

CHAPITRE XIV

Garde nationale sédentaire

Art. 46. — La garde nationale sédentaire comprend tous les citoyens de 40 à 55 ans.

Pour être admis dans les rangs de la garde nationale il faut justifier d'un séjour de deux ans dans la commune.

Art. 47. — La garde des villes et des campagnes, le maintien de l'ordre à l'intérieur sont confiés à la garde nationale sédentaire.

CONCLUSION

Ainsi que le titre l'indique, ce travail n'est qu'un programme. — Si l'opinion publique juge qu'il renferme des idées utiles et pratiques, il sera facile de transformer cette ossature en organisation vivante.

Dans l'effroyable naufrage au milieu duquel nous nous débattons, un seul principe nous reste comme dernière planche de salut : c'est celui de la souveraineté nationale représentée par le suffrage universel.

Plaçons ce principe sauveur au-dessus des atteintes des minorités factieuses, en intéressant tous les citoyens à sa défense.

C'est en voulant se subsistuer constamment à la nation, que l'État a tué tout ce qu'il a touché :

L'instruction publique a vu baisser son niveau depuis qu'une Université officielle en a pris le monopole.

Notre vaillante armée elle-même a subi l'influence d'une centralisation exagérée.

Les caractères se sont amoindris à partir du jour où les individualités ont été absorbées.

Faisons pénétrer la vie et la liberté dans nos moindres circonscriptions administratives : laissons à la Commune la gestion des choses communales; au canton, au département, à la province, celle de leur cercle.

Mais sous aucun prétexte ne laissons affaiblir le principe de notre Unité nationale, et réservons à l'État la direction des intérêts généraux de la Nation.

C'est en plaçant la responsabilité à tous les degrés, que nous obtiendrons l'harmonie qui naît de la division du Travail.

Tenons-nous enfin aussi éloignés de l'étouffement produit par une trop grande centralisation, que de la dissolution qui serait la conséquence du rêve communal fédératif.

Lyon. — Imprimerie du Salut Public. — Bellon, r. de Lyon, 33.